COSAS QUE NO SE VEN A SIMPLE VISTA

Pavla Hanáčková
Ilustraciones de Adela Režná

algar

Además de vivir en un mundo lleno de partículas invisibles minúsculas, también tenemos a nuestro alrededor **ondas invisibles**. Televisiones, teléfonos, ordenadores... todos estos aparatos las transmiten. ¡Te sorprendería saber todo lo que nos rodea a diario! Pero no te preocupes, ¡aquí lo aprenderemos!

No vemos algunas cosas porque bien ocurren **muy rápidamente**, bien **muy lentamente**. ¿Alguna vez te has preguntado cómo se abren las flores? ¿O cómo funcionan las alas de una libélula? Por suerte, se han inventado herramientas que hacen posible descubrirlo. Por ejemplo, ahora sabemos muchas más cosas del universo, y todo gracias a inventos mejorados.

¡Si pudieses adelantar esto, verías todo lo que he avanzado!

¡Puedes ver un arcoíris fácilmente en tu jardín! Solo necesitas una manguera y agua.

EL MUNDO QUE NOS RODEA

El ojo es un órgano increíble. A través de él, el cerebro recibe el 80 % de la información de lo que nos rodea. Aunque también tiene limitaciones. A nuestro alrededor tenemos muchas cosas que no podemos ver. Este mundo en miniatura está lleno de cosas increíbles que podemos utilizar en nuestro favor.

La ciencia a menudo se ha **inspirado en la naturaleza**, ya que está llena de genialidades de las que los seres humanos nos podemos beneficiar, por ejemplo, una telaraña. Es un invento increíble: las arañas la producen a partir de unas fibras extremadamente fuertes y flexibles que tienen en su abdomen. Durante mucho tiempo, se intentó imitarla en los laboratorios, hasta que se descubrió el kevlar, el material con el que se fabrican los chalecos antibalas. Sin embargo, las telarañas siguen siendo tres veces más fuertes.

Si se construyese un hilo del grosor de un lápiz con estas fibras, sería capaz de parar un Bœing 747 a máxima velocidad.

La **percepción de la luz** tampoco se puede separar de nuestra visión. Podemos distinguir entre luz y oscuridad. A veces incluso podemos atisbar **todo el espectro de luz**, no solo la blanca. ¿Sabes cuándo? Cuando un arcoíris con siete colores aparece en el cielo. Sin embargo, hay otros tipos de rayos de luz a los que el ojo no es sensible. Aunque, una vez más, el ser humano ha inventado dispositivos que hacen posible verlos.

El ser humano es curioso por naturaleza y, por tanto, ha encontrado muchas maneras de utilizar lo que tiene a su alrededor. A lo largo de la historia, se han inventado muchos aparatos que han ayudado a entender cómo funciona el mundo. A medida que la **tecnología** ha ido evolucionando, la humanidad ha sido capaz de crear objetos con los que nuestros antepasados no habrían podido ni soñar.

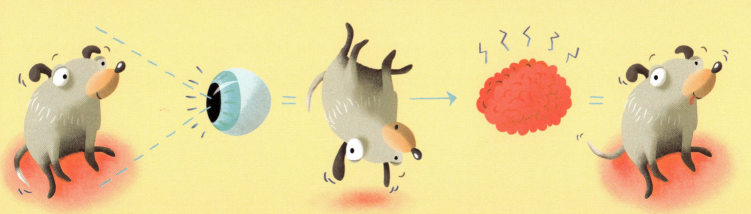

ÁCAROS

Los ácaros son más pequeños que el punto que cierra esta frase. La gran mayoría de ellos son inofensivos, pero algunos pueden causar **alergias**, como los que a menudo se encuentran en el polvo o en los tejidos.

¡Bienvenidos al micromundo!

COSAS DEMASIADO PEQUEÑAS

VIRUS

Los seres humanos empezaron a interesarse por los virus al descubrir que producían enfermedades. Son los causantes de los resfriados, de la gripe y de la viruela, entre otras. Es muy importante mantener una correcta higiene para evitar que se esparzan.

¡Atención! ¡Infección! Las partículas de los virus viajan hasta tres metros por el aire y pueden infectar a otras personas.

Por todas partes a nuestro alrededor, hay cosas que no podemos ver a simple vista. Algunas son demasiado pequeñas: las cosas más pequeñas que el ojo humano puede percibir son de aproximadamente 0,1 milímetros. ¡Tan gruesas como un pelo!

BACTERIAS

Durante mucho tiempo se ha creído que las bacterias eran dañinas, lo que no es totalmente cierto. ¡Hay algunas que son beneficiosas para los seres humanos! Limpian el planeta (**las bacterias** pueden descomponer la materia orgánica). ¡La vida no existiría sin ellas! Las que son dañinas pueden causar enfermedades como la amigdalitis.

¡Hola, será un placer ayudarte!

¡Estoy deseando disfrutarte!

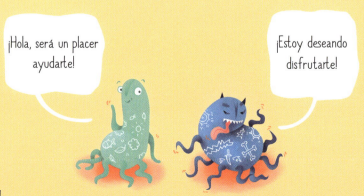

¿Qué es este monstruo? ¡Adivínalo! Es una simple oruga, solo que ampliada.

OBJETOS PEQUEÑOS

Los objetos que son muy pequeñitos se llaman **microscópicos**: solo son visibles a través del microscopio u otros sistemas de aumento. Estos aparatos, gracias a unas lentes especiales, amplían los objetos que son superpequeños.

POR TODAS PARTES

Todo a nuestro alrededor está compuesto por partículas. Hay más microbios en la mano de una persona que personas en la Tierra. Estas partículas (¡partes de insectos, pelo animal y polvo cósmico!) se pueden quedar suspendidas en el aire. En realidad, somos gigantes rodeados por un **mundo en miniatura que no podemos ver**.

¡Me he vuelto a olvidar el gorro impermeable!

NANOTECNOLOGÍA

Las hojas de loto repelen el agua, una habilidad que se ha investigado para poder reproducirla artificialmente mediante la nanotecnología. Esto permitió elaborar los trajes espaciales, que no atrapan el polvo cósmico.

¡Has vuelto a olvidar limpiar el plato!

¡Es culpa de los microorganismos!

NANOBOTS

En el futuro se utilizarán estos robots minúsculos en medicina, los **nanobots**. Se introducirán en el torrente sanguíneo y permitirán controlar mucho más precisamente cuándo activar un medicamento en un organismo.

FENÓMENOS INEXPLICABLES

Antiguamente, algunos fenómenos traían de cabeza a los científicos. ¿Cómo se transforman las uvas en vino? ¿Por qué la comida se echa a perder? Hoy en día sabemos que es por los **microorganismos**.

5

Ⓐ VIRUS

¿Ves esa planta marchita? Parece enferma, ¿verdad? En efecto, lo está: tiene una infección causada por virus que la debilita. Las plantas infectadas muestran manchas, ampollas o abolladuras. La mayoría de los virus que hacen enfermar a las plantas los portan y los transmiten los insectos, especialmente los que se alimentan de su savia. Muerden la planta y los virus entran a través de la herida.

Hay partículas minúsculas por todos lados. Incluso en clase, tienes a tu alrededor un buen número de ellas. ¿Dónde se esconden? Mira esta aula.

Ⓑ BACTERIAS

Aunque en el póster no aparece ninguna bacteria, en realidad sí que las hay. Están en la tripa del panda y son sus pequeñas ayudantes. Viven en su estómago y lo ayudan a digerir el bambú, que es su única fuente de alimento. Al ser una planta muy dura, sería imposible digerirla sin ayuda.

Ⓒ NANOTECNOLOGÍA

Esta área tan extraordinaria de la ciencia toma las partículas más pequeñas con las que se forman las cosas (moléculas o átomos), las utiliza como bloques de construcción y los reordena de formas nuevas e interesantes. Así se pueden crear todo tipo de materiales únicos y elementos con unas propiedades tan mejoradas que son increíblemente útiles para los seres humanos. Esta camiseta, por ejemplo, ¡está hecha de nanofibras que repelen el agua!

F ÁCAROS DEL POLVO

Los ácaros del polvo son nuestros fieles compañeros de habitación. A estos arácnidos diminutos les gustan los lugares cálidos y húmedos como nuestra cama, las almohadas, los sofás... Son inofensivos para la mayoría de la gente, ya que no causan enfermedades. Sin embargo, hay personas con alergia a los restos que estos bichos dejan a su paso. No nos podemos deshacer de ellos, ¡pero sin duda podemos reducir su número si limpiamos!

No puedes ver las partículas en sí mismas (porque son demasiado pequeñas), pero hay trucos para ayudarte a determinar dónde las puedes encontrar.

E PROBIÓTICOS

Al igual que las bacterias en la tripa del panda, hay bacterias «buenas» o «útiles» en los yogures. Se llaman probióticos y son beneficiosas para nuestro sistema digestivo. En resumen, mantienen nuestra barriga sana. Puedes encontrar estos probióticos en comidas como el yogur, el kéfir, el chucrut o el kimchi.

D VIRUS

Cuando estornudamos o tosemos, expulsamos partículas con virus que se esparcen por el aire. ¡Ponte un pañuelo o la parte interior del codo en la boca! Acuérdate también de lavarte siempre las manos. Mucha gente utiliza mascarilla para mantener al resto de las personas a salvo. Si seguimos estas medidas, podemos disminuir el contagio de enfermedades como la gripe o la COVID-19.

➡ DIBUJOS EN LOS CAMPOS

A simple vista parece un campo normal, pero, si lo sobrevuelas…, ¡tachán!, puedes contemplar los dibujos que antes estaban escondidos. En los campos de China o Japón se producen gracias al cultivo de diferentes variedades de arroz. Pero ¿quién dibuja los misteriosos círculos que se observan en algunos cultivos? Unos son obra del ser humano, pero otros son un auténtico misterio…

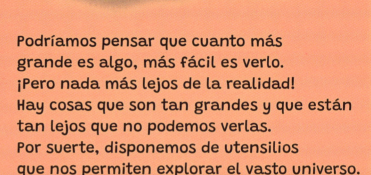

Podríamos pensar que cuanto más grande es algo, más fácil es verlo. ¡Pero nada más lejos de la realidad! Hay cosas que son tan grandes y que están tan lejos que no podemos verlas. Por suerte, disponemos de utensilios que nos permiten explorar el vasto universo.

⚡ MIRA ARRIBA

Intenta mirar al cielo. Está lleno de cosas tan grandes que son imposibles de imaginar. Pero, al estar tan lejos de nuestro planeta, las vemos mucho más pequeñas de lo que en realidad son. ¡Un pequeño punto en el cielo puede ser en realidad una galaxia enorme o una constelación!

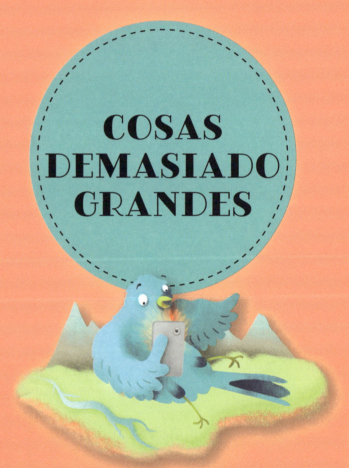

COSAS DEMASIADO GRANDES

⚡ A VISTA DE PÁJARO

Para los pájaros que vuelan, las ciudades deben de verse muy pequeñas, y los seres humanos, como hormigas. Pero hay una cosa que no se puede negar: gozan de unas vistas envidiables. Aun así, hemos conseguido ver el mundo a través sus ojos… ¡desde un **avión**!

OJO A DISTANCIA

La curiosidad del ser humano ha sido siempre tan grande que nunca ha dejado de inventar herramientas más nuevas y sofisticadas. ¡Así fue como nacieron los **anteojos**! Aunque no permitían ver objetos lejanos en el espacio exterior, estaban cada vez más cerca.

¡Yo veré lo que hay detrás del horizonte!
El telescopio Hubble vuela por el espacio desde 1990 y ha hecho millones de fotografías. Por ejemplo, esta.
¡Pues yo todavía más lejos!

TELESCOPIO

El descubrimiento del telescopio cambió nuestra percepción del universo. De repente, ¡fuimos capaces de ver lo que había más allá de nuestro planeta! Con aparatos cada vez más potentes, podemos ver cada día más lejos. ¡Exploremos más el universo!

EL MUNDO QUE NOS RODEA

Descubrimos que nuestro planeta forma parte del sistema solar. Aun así, todavía hay muchas cosas que no sabemos. Es por eso que desde los centros de investigación no dejan de recopilar datos, para, así, poder contarnos más cosas.

VIAJE ESPACIAL

Sin embargo, no fue suficiente que las personas vieran estas cosas asombrosas, ¡tenían que explorarlas ellas mismas! Así llegó el día en el que el primer ser humano viajó al espacio y a la Luna. Una y otra vez. Los humanos han estado en numerosas ocasiones en el espacio desde entonces; aun así, todavía queda muchísimo por explorar.

⬭ SISTEMA SOLAR

Nuestro planeta se encuentra en el sistema solar, que podríamos llamar «su barrio». En él hay otros planetas y cuerpos celestes. En realidad, si lo comparamos con el tamaño de todo el universo, es solo un pequeño punto.

⬭ VÍA LÁCTEA

El sistema solar se encuentra en una galaxia enorme: la Vía Láctea. Debe su nombre a su aspecto «lechoso». ¡Es inmensa y está llena de estrellas! Aun así, en comparación con otras galaxias, es más bien pequeña. ¡El universo es un lugar realmente gigantesco!

⬭ MUERTE DE ESTRELLAS

Cuando una pequeña estrella se apaga, poco a poco empieza a desmoronarse y a encogerse. Cuando se reduce al tamaño más pequeño posible, nace una estrella de neutrones o enana blanca. Esto sucede en las etapas finales de la vida de una estrella.

🌑 GRAVEDAD

¿Sabes cuál es la potencia más importante de todo el universo? ¡Pues claro, la gravedad! Así es como nos mantenemos en el suelo y no salimos volando como si fuésemos globos. También es el motivo por el cual nos golpeamos contra el suelo cuando nos caemos. Los astronautas pueden flotar en el espacio, donde gozan de la ingravidez.

↪ AGUJEROS NEGROS

Cuando una estrella se colapsa, se forma un agujero negro. Este funciona como una aspiradora y absorbe todo lo que tiene a su alrededor. Estrellas, gas ¡e incluso luz! Por suerte, se encuentran muy lejos de la Tierra. ¡Menos mal!

🌑 NACIMIENTO DE ESTRELLAS

Seguro que has visto montones de estrellas en una noche despejada. Pero ¿cómo nacen? Pues casi por arte de magia: en nubes de polvo interestelar y gas. Este gas empieza a contraerse, se empiezan a unir pequeñas partículas que forman una bola y, después, se desencadena una reacción que hace que la estrella se ilumine. ¡Todo el proceso dura mucho mucho tiempo!

➡ UNA VISIÓN COMPLETAMENTE NUEVA

Una imagen de rayos X es estática, no se mueve, pero ahora disponemos de máquinas que permiten ver los movimientos de los esqueletos de seres humanos o animales mientras realizan una **actividad**. ¡Incluso cuando comen o beben! Esto nos permite entender mucho mejor cómo funciona nuestro cuerpo.

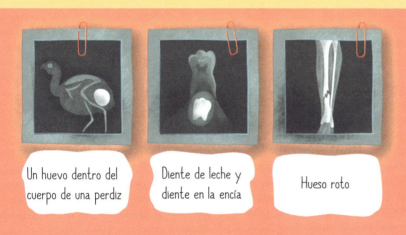

Un huevo dentro del cuerpo de una perdiz

Diente de leche y diente en la encía

Hueso roto

A nuestro alrededor hay cosas de diferentes formas, tamaños o colores. Algunas, como el agua o el cristal, son transparentes y podemos ver a través de ellas. Sin embargo, hay muchas otras cosas a través de las cuales no podemos ver, como... ¿el cuerpo humano?

🔽 ¿QUÉ PUEDO VER?

La medicina dispone de un ayudante muy útil... ¡**los rayos X**! Son capaces de hacer visible lo invisible, por ejemplo, un hueso roto o una caries. Gracias a este invento, ya no es necesario recurrir a la cirugía para descubrir qué ocurre en el cuerpo de alguien.

¡El pez no puede haberse esfumado!

¡Menos mal que no puede ver a través de mi estómago!

🔊 ECOGRAFÍAS

Las ecografías son otra alternativa para ver el interior del cuerpo. Se sirven de los **ultrasonidos** para formar las imágenes, que se representan en ordenador. Así es como las mujeres embarazadas pueden ver al feto en su barriga. Las ecografías también sirven para ver cómo funciona el corazón.

⚡ UN VISTAZO AL INTERIOR

En los controles de seguridad de los aeropuertos, se revisa el equipaje de los viajeros; así se garantiza que no lleven nada peligroso. Las maletas se ponen en una cinta transportadora que pasa a través de una máquina que muestra al personal de seguridad lo que contienen.

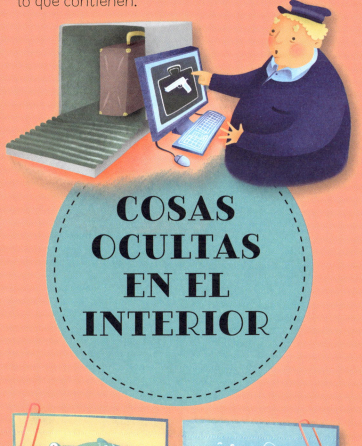

COSAS OCULTAS EN EL INTERIOR

⚡ ¡SONRÍA, POR FAVOR!

¿Cómo funcionan los rayos X en realidad? Cuando la radiación toca un material fotográfico sensible a la luz (película o papel), el material se vuelve negro. Si hay algún objeto entre la radiación y la película, por ejemplo, huesos, la capa sensible de debajo se vuelve negra y el objeto aparece más iluminado. Qué ingenioso, ¿verdad? ¡Pues los rayos X se descubrieron por accidente!

⚡ MENTIRA, MENTIRA, MENTIRA

Si se escanease el **cerebro** de un mentiroso durante un interrogatorio, podría determinarse muy fácilmente que miente, porque mentir es muy extenuante y estresante para el cerebro. Al decir una mentira, el cerebro aparece intensamente coloreado en pantalla.

El cerebro ha traicionado al ladrón. ¡Se ha tragado el anillo robado!

⚡ ¡GUAU! PUEDO VER EL INTERIOR DE TU BARRIGA

Con la tecnología de la que disponemos en la actualidad, es muy posible que, dentro de poco, la **realidad virtual** se vincule a la educación. El alumnado será capaz de ver algunas cosas con sus propios ojos. Tan solo necesitará una camiseta especial y una app en sus móviles y... ¡tachán! ¡Así es como funcionan los órganos!

Ⓐ RADIOGRAFÍA DENTAL

Algunas veces, durante una visita de rutina, puede que la dentista te haga una radiografía de la boca. Esto es porque la doctora cree que hay algún problema con algún diente, pero no puede verlo a simple vista. Cuando examine la radiografía, enseguida será capaz de determinar si lo hay o no.

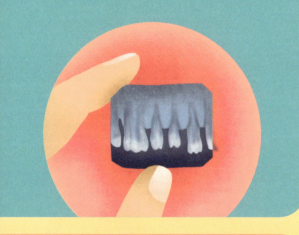

Ⓑ MÁQUINA DE RAYOS X

A veces, cuando nos hacemos daño de verdad, podemos necesitar que nos hagan una radiografía. Así, el personal médico se asegura de si hay algún hueso roto o algún otro tipo de lesión. Un momento: ¿quién ha sido el saboteador? ¡Un ratón! Mira, gracias a los rayos X podemos ver su cuerpo por dentro.

Mira a tu alrededor. Hay tantas cosas... Por desgracia, solo podemos verlas por fuera. ¿Cómo serán por dentro? Si tuviésemos superpoderes, como en las películas, podríamos utilizar nuestra visión de rayos X.

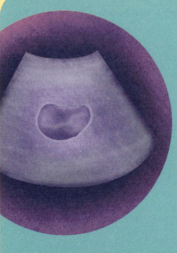

Ⓒ ECOGRAFÍA

Las ecografías son muy seguras e inofensivas, por eso se utilizan para ver a los fetos dentro de las barrigas de las futuras madres. Sobre la piel se esparce un gel viscoso que ayuda a que los ultrasonidos pasen a través del cuerpo. Entonces se coloca una sonda y se mueve con cuidado por encima del área que se va a examinar. Esto genera una imagen en pantalla.

F RADIOGRAFÍA DENTAL PANORÁMICA

Si hay un problema más grave o la dentista quiere asegurarse de algo, manda hacer una radiografía de toda la boca. Gracias a esta imagen panorámica, es capaz de hacer diagnósticos con precisión y de proporcionar un tratamiento adecuado. Las radiografías le permiten ver entre los dientes, su interior y también las raíces y los huesos que se encuentran por debajo de las encías.

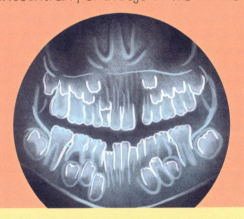

¡Problema resuelto! Aunque los seres humanos no disponemos de tales poderes, hemos inventado máquinas que nos permiten ver cómo es el interior de algunas cosas, incluidos nuestros cuerpos.

E HERIDAS INTERNAS

¿A que parece que Jorge no se encuentra del todo bien? Es muy probable que tenga dolor de estómago. Pero ¿qué le provoca este dolor? Los niños, a menudo, se introducen objetos pequeños en la boca, como monedas o tornillos. Pueden tragárselos por error y terminar en la barriga. La médica le hará un examen médico para determinar qué es lo que va mal.

D RADIOGRAFÍAS VETERINARIAS

Es muy fácil hacerse daño cuando se está jugando, cazando o haciendo travesuras. Al igual que los médicos que tratan a los humanos, los veterinarios utilizan las radiografías para determinar qué tipo de lesión tiene un animal. Examinan a sus pacientes peludos a conciencia y les dan el tratamiento que necesitan. ¡Mira! ¡El gatito se ha roto la pata!

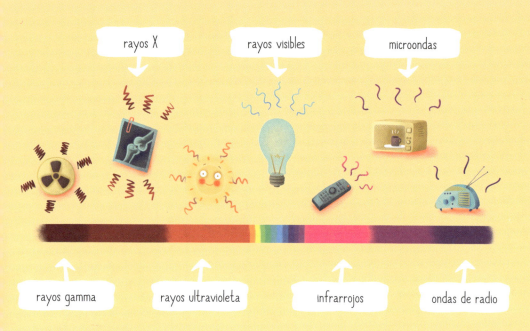

rayos X

rayos visibles

microondas

rayos gamma

rayos ultravioleta

infrarrojos

ondas de radio

⚡ LA FRACCIÓN DE LA LUZ

Las personas podemos ver solo una parte muy pequeña de todo el conjunto (la luz visible y los colores del arcoíris). Hay otras ondas, que forman parte del **espectro invisible**, que solo se pueden ver a través de máquinas. ¿Cuáles son?

La luz y los colores que podemos ver forman parte del ESPECTRO ELECTROMAGNÉTICO. ¡Sabes más de este espectro de lo que crees! Parte de este son ondas que el ojo humano no puede reconocer. Puede que las que ayudan a calentarte la comida... ¡Vamos a investigar las ondas invisibles!

COSAS INVISIBLES

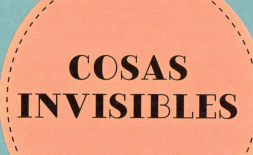

⚡ ONDAS DE RADIO

¿Sueles llamar a tus amigos? ¿Os enviáis fotografías por el móvil? ¿Y te conectas a internet mediante wifi? ¡Entonces tú también utilizas ondas de radio! Son indispensables para la vida moderna y el aire está repleto de ellas.

⚡ ELECTRICIDAD

La mayoría de los aparatos que tenemos en casa funcionan con electricidad, que se suministra a través de unos cables de **red eléctrica** de kilómetros y kilómetros de largo. Es un bien de primera necesidad en nuestro día a día.

◓ RAYOS INFRARROJOS

Todo espía que se precie tiene un buen par de **gafas de visión nocturna**. Sirven para detectar los rayos infrarrojos que genera el cuerpo humano. Si no dispones de unas, no desesperes: las cámaras de alta calidad también son capaces de detectar esta radiación. Nos permiten diferenciar los objetos calientes de los fríos.

⭳ ONDAS MICROONDAS

¿Cómo es que los microondas pueden calentar la comida y hacer estallar las palomitas de maíz? ¡Pues gracias a las ondas microondas que se transforman en calor! También sirven para otros usos, como la transmisión de información, ¡e incluso en navegación! Si alguna vez te pierdes, a través de la aplicación del móvil puedes saber adónde ir en un pispás.

⭡ TINTA INVISIBLE

¡Atención, espía! Si quieres escribir un mensaje que solo puedan leer las personas autorizadas, tenemos instrucciones para ti: vamos a hacer tinta invisible. Todo lo que necesitas es zumo de limón, papel, un palillo y una lámpara. Mezcla el zumo de limón con un poco de agua y utilízalo para escribir tu mensaje. Deja que se seque bien y envíalo. ¡El destinatario puede leerlo al calentar el papel acercándolo a una fuente de calor! Para el resto solo será una simple hoja de papel en blanco.

⭢ RAYOS ULTRAVIOLETA

Para muchos animales esta radiación supone un mundo lleno de símbolos y de signos. Son los que atraen a los polinizadores a las flores. Incluso tú la has tenido bien cerca... ¡en la caja registradora del supermercado! La utilizan para asegurarse de que los billetes son verdaderos.

¡Los elementos de protección revelan inmediatamente si un billete es auténtico o falso!

Ⓐ CONTROL REMOTO

Los coches modernos están muy avanzados y son capaces de llevar a cabo varias tareas sin que nosotros hagamos nada. Lo único que necesitamos es un control remoto para, por ejemplo, abrir la puerta del garaje, abrir el coche, arrancar el motor o encender la calefacción antes de conducirlo. Todo esto, gracias a las señales que se emiten a través de ondas.

Ⓑ ONDAS DE RADIO

La gente envía ondas de radio para mandar y recibir información. Sin estas ondas no podríamos chatear por el móvil con nuestras amistades ni con nuestra familia, ver la tele ni buscar por internet lo que nos interese. Las ondas de radio viajan a través del aire como coches por la carretera y transmiten las señales a nuestros dispositivos.

Hasta tu casa está llena de cosas invisibles para nuestros ojos. Pero, aunque no las podamos ver, están ahí; de no ser así, muchos dispositivos y electrodomésticos no funcionarían.

Ⓒ ELECTRICIDAD

¿Alguna vez has vivido un corte de luz? Si es así, seguro que enseguida te diste cuenta de que, de repente, todo se quedaba oscuro y en silencio. Esto ocurre porque se corta el suministro de electricidad y todo aparato que esté conectado a la red eléctrica deja de funcionar. Ya sean lámparas, televisores, frigoríficos, ordenadores, cargadores... nada de esto marcha sin electricidad.

E VISIÓN INFRARROJA

Si tienes cámaras de buena calidad en tu casa, puedes ver el calor que emiten los objetos. Además del que emiten las personas, ¡por supuesto! Esto es gracias a la visión infrarroja. ¡Mira esta sartén! Es una imagen infrarroja de dos huevos fritos en la sartén. ¡Cuidado, quema!

Pero ¿por qué son tan importantes para nuestra vida y dónde los puedes encontrar? Observa la ilustración y a ver si lo adivinas...

F MICROONDAS

A menudo guardamos las sobras de la comida en la nevera para que esta no se eche a perder. Así se mantiene fresca, aunque fría no está muy rica... Podemos calentarla en una sartén o en una olla en la cocina, pero es mucho más rápido hacerlo en el microondas. Calientan el chocolate con leche en un santiamén. ¡Cuidado con los dedos al sacarlo!

D LUZ INFRARROJA

¿Cómo podemos cambiar los canales del televisor? Pues gracias a la luz infrarroja. La luz de led del mando a distancia envía una señal al televisor para que cambie de canal. En el pasado, las personas no tenían mandos a distancia. ¿Cómo crees que cambiaban de canal? Pues, desde luego, no desde la comodidad de su sofá. Tenían que levantarse y pulsar el botón directamente en el televisor.

⚡ DONDE HAY OSCURIDAD

La oscuridad es la falta de luz, eso es obvio. En la naturaleza, los lugares oscuros se encuentran, por ejemplo, en cuevas. Pero, si quieres experimentar la **oscuridad total** real y verdadera, tienes que descender bajo tierra o sumergirte en las profundidades, debajo de la superficie del agua.

Y aquí termina nuestra visita a la cueva. ¡Espero que hayáis disfrutado de su belleza y que hayáis visto muchas cosas!

✈ OSCURIDAD TOTAL

En condiciones normales, después de un rato, nuestros ojos se habitúan y se ajustan a la oscuridad, ya que utilizan cualquier partícula de luz disponible (el resplandor de una pantalla, la luz de una farola...). En la oscuridad total, los ojos no se habitúan ni al cabo de una hora, ni de una semana, ni siquiera de un mes. Esto ocurre porque no hay ninguna partícula de luz disponible.

⚡ TRABAJAR EN LA OSCURIDAD

Hay personas que tienen que trabajar en estas condiciones tan duras. Por ejemplo, los mineros que trabajan en minas que se encuentran a kilómetros de profundidad bajo el suelo. O los espeleólogos, que se dedican a explorar las cuevas y pueden llegar a profundidades que dan miedo.

Me he acostumbrado a trabajar en la oscuridad.

COSAS EN LA OSCURIDAD

gato

tarsero

murciélag

⚡ UN FRAGMENTO DE LUZ

Sorprendentemente, incluso en los lugares más oscuros hay un poquito de luz, pero, por desgracia para nosotros, es **invisible a nuestros ojos**. Algunos animales tienen ojos mucho mejor adaptados a la oscuridad y a la visión nocturna que los nuestros.

⚡ PROFUNDIDADES OSCURAS

Cuando buceas por la superficie del agua, estás rodeado de mar azul, donde llega el sol y se está calentito. Cuando buceas a más profundidad (para lo cual te hace falta un submarino especial), entras en un mundo completamente distinto, frío, oscuro y misterioso. Hay tan poca luz solar que las plantas no pueden sobrevivir.

¿Alguna vez has intentado ver de noche? Seguro que a tus ojos les costó un poco adaptarse a la oscuridad. **Las personas no estamos acostumbradas a vivir sin luz. Sin embargo, hay animales que no tienen ningún problema con vivir en la oscuridad total, están habituados.**

⚡ ¡BRILLO!

En tierra, la oscuridad que te rodea puede hacer visible una bandada de luciérnagas. En las profundidades oscuras sucede lo mismo con peces, medusas o calamares. La luz que producen les facilita la vida y los ayuda a conseguir comida o a camuflarse de los enemigos.

⚡ ADAPTACIÓN A LA OSCURIDAD

¡Puedes encontrar muchos animales en las profundidades oscuras! Sin embargo, son muy diferentes entre sí. Algunos parecen monstruos y otros brillan como estrellas. Tuvieron que adaptarse a una vida dura en un lugar con temperaturas bajas y mucha presión.

⚡ CÓMO VER EN LA OSCURIDAD

Las **gafas de visión nocturna** y las de **visión térmica** son dos dispositivos que han ayudado a ver qué ocurre en la oscuridad. Recogen la luz que tienen a su disposición, como la luz infrarroja que emite un cuerpo humano. Las utilizan los ejércitos o los equipos de rescate para encontrar a personas en la oscuridad.

calamar gigante

tiburón anguila

pez borrón

medusa gelatina cristal

calamar gigante

kril

poliqueto tubícola

¡Atención!
Si quisiéramos mostrar
todas las capas del mar,
no podríamos encajar las
criaturas de las profundidades
en la imagen.
¡Aquí tenéis algunas de ellas!

merluza negra

Las profundidades del océano solo se pueden explorar con la ayuda de un submarino especial que soporte condiciones extremas. En las profundidades no solo está muy oscuro, también hace mucho frío y hay una presión inmensa. ¿Quieres saber qué se esconde bajo la superficie? Únete a nosotros y descubre estas criaturas extrañas y fascinantes que se han adaptado para vivir en estas inhóspitas condiciones.

rape americano

calamar vampiro

⬅ MERLUZA NEGRA

Esta belleza tiene unos dientes
que son trampas mortales: entre ellos,
no hay posibilidad de escape, ¡incluso
si caza un pez más grande que ella!
Atrae a sus presas con unos puntos
luminosos que tiene en el estómago.

⬅ CALAMAR VAMPIRO

Este calamar de color rojo sangre también
se esconde en las profundidades del océano. Tiene
tanto el cuerpo como los tentáculos cubiertos
con unos órganos inusuales que brillan.
Sus tentáculos están unidos con una membrana
especial que le permite crear una especie
de cesta en la que atrapa la comida.

⬅ AEQUOREA VICTORIA

Aunque esta medusa sea transparente
y prácticamente incolora, uno nunca
lo diría. En las profundidades se la
puede ver hermosamente iluminada.
Sin embargo, solo se vuelve de color
azul si está irritada. Tiene el cuerpo
blando y se alimenta de organismos
pequeños.

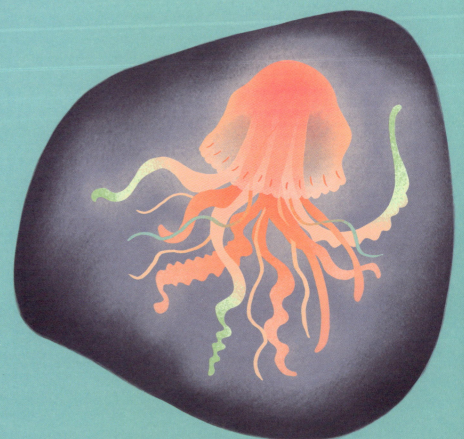

➡ POLIQUETO TUBÍCOLA

Forma parte del grupo de los anélidos, como sus primas lejanas las lombrices. Pero vive en condiciones extremas en el lecho marino (se los puede encontrar cerca de fuentes de agua termales). Una gran parte de su cuerpo se esconde dentro de tubos blancos de los que emergen las puntas rojas.

⬅ KRIL

Este crustáceo diminuto no mide más de tres centímetros. Forma parte del plancton, del que se alimentan animales marinos más grandes, como las ballenas. Son capaces de emitir luz.

➡ RAPE AMERICANO

Esta criatura extraña vive en las vastas profundidades del océano. Tiene un órgano increíble en la cabeza, parecido a una vara con un cebo iluminado en su extremo. El rape americano lo utiliza para atraer a sus presas, que nadan hacia la luz. Así las puede atrapar con facilidad.

⚡ LENTO LENTO

Algunos animales son más lentos que una babosa y un perezoso juntos. Se mueven tan despacio que tus ojos solo pueden ver una pequeña parte del proceso: el principio o el final.

¿Cómo has llegado hasta aquí?

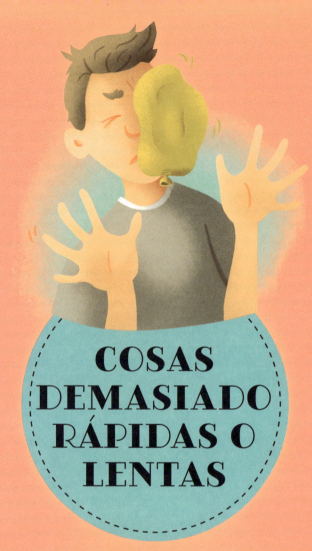

COSAS DEMASIADO RÁPIDAS O LENTAS

Al observar algunas cosas durante horas, puede parecer que, aunque estén en movimiento, se mantengan exactamente igual. ¡En cambio otras se mueven muy rápidamente ante tus ojos! En ambos casos, la realidad es que no puedes ver lo que realmente está ocurriendo. ¡Tres, dos, uno, vamos! Echémosle una carrera al tiempo.

¡Estas líneas de color representan el recorrido de los aviones que sobrevuelan el cielo por encima de nosotros!

⚡ DE ORDINARIO A EXTRAORDINARIO

Cuando una gota de lluvia cae en un charco, puedes ver las pequeñas olas que genera. Pero, de hecho, ¡la gota de agua **rebota** en el agua como una pelota! Se hace más pequeña con cada rebote hasta que desaparece.

⦿ EN UN ABRIR Y CERRAR DE OJOS

Gracias a unas cámaras especiales, podemos ver imágenes que de otro modo nos hubiésemos perdido. A **cámara lenta** somos capaces de observar cómo se rompe un vaso de leche al caer contra el suelo o lo que ocurre cuando estalla un globo lleno de agua. ¡Menudo drama!

⦿ A CÁMARA RÁPIDA

¿Sabías que puedes ralentizar el tiempo? Todo lo que necesitas es una **cámara** o una **videocámara**. Se pueden ajustar para que capten los intervalos de tiempo de las distintas fases, para luego unirlos y formar un vídeo. Esto permite ver el movimiento de cosas como plantas, animales, nubes, estrellas...

⦿ HASTA EL SOL

Las plantas necesitan la luz del sol para crecer. Aunque no la veas, una semilla empieza a germinar en un prado, poco a poco rompe la tierra y sale con valentía para llegar a la superficie, donde brilla el sol.

⦿ SUPERVOLADORES

En la naturaleza hay montones de animales que pueden hacer cosas increíbles con sus cuerpos. Por ejemplo, los colibríes, que son los pájaros más rápidos del mundo. Son capaces de mover las alas realmente rápido. Este movimiento es casi imposible de ver a simple vista, pero puedes oír su característico zumbido.

Si quieres ver el crecimiento de las semillas sin cámara, ¡plántalas en un tarro de cristal!

⦿ EN CONSTANTE MOVIMIENTO

Todo nuestro planeta está en constante movimiento. Los aviones sobrevuelan nuestras cabezas, los coches pasan a nuestro lado en la calle, los barcos navegan por el mar... De noche, todas las luces del planeta se encienden.

⦿ CRECIMIENTO Y DECADENCIA

Gracias a la cámara rápida, podemos ver no solo el crecimiento, sino también la **descomposición** de la materia viva. Si no te comes un melocotón y lo conservas durante un tiempo, poco a poco se irá marchitando y pudriendo.

Ⓐ LOS PERROS MOJADOS SE SACUDEN EL AGUA

Todos los perros tienen algo en común: cuando están mojados, se sacuden y se quedan prácticamente secos en tan solo una fracción de segundo. ¿Cómo lo hacen? Gracias a su piel, que pueden girar superrápido. Si un perro no tuviese esta habilidad, pasaría mucho frío.

Este jardín parece muy tranquilo, ¿verdad? Bueno, no te dejes engañar por las apariencias y echa un vistazo. Algunas cosas ocurren tan rápidamente que puede que te las hayas perdido.

Ⓑ DEMASIADO RÁPIDO PARA VERLO

¿Alguna vez has participado en una batalla de globos de agua? Es muy divertido, ¿verdad? Pero ¿alguna vez te has preguntado qué ocurre cuando el globo estalla? El agua mantiene la forma del globo durante unos pocos milisegundos y, después, se esparce por todos lados. Para poder verlo, necesitamos grabarlo a cámara lenta.

Ⓒ EL CRECIMIENTO DE LAS PLANTAS

Unas plantas crecen más rápido que otras. Los rábanos, por ejemplo, se pueden cosechar a las cuatro semanas de ser sembrados. Una vez que germinan las semillas, aparecen los primeros brotes. Las hojas nuevas salen del suelo y crecen hacia la luz. Después, ¡el tallo con las hojas emerge del suelo, y pronto saldrán los primeros rábanos!

F CUANDO SE ABRE UNA FLOR

Intenta ir al jardín de día y de noche. Durante las horas de sol, las flores están muy abiertas, mientras que de noche se suelen cerrar. En cuanto los primeros rayos las acarician, los capullos empiezan a abrirse y a mirar hacia el sol. Alcanzan su punto de máxima apertura al mediodía, así atraen a los polinizadores.

Otras, por el contrario, todavía están ocurriendo mientras hablamos. ¡Descubre maravillas que pasan todos los días en los jardines!

E EL VUELO DE UNA LIBÉLULA

Las libélulas son las acróbatas del cielo. Son voladoras expertas y uno de los insectos voladores más rápidos del mundo. ¡Pueden llegar a volar hasta a 50 km/h! Agitan sus alas tan deprisa que apenas podemos verlas moverse (¡las baten 1800 veces por minuto!). ¡Incluso pueden moverlas por separado y en direcciones distintas!

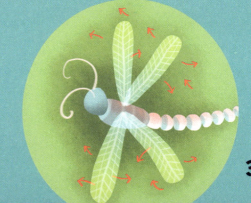

D FRUTA PODRIDA

Mira estas fresas maduras, deliciosas y dulces. ¡Tienen muy buena pinta! Pero recuerda: cómetelas tan pronto como puedas. Aunque parezcan estar bien, pueden echarse a perder al día siguiente. Si la fruta madura demasiado, se deteriora y se estropea.

COSAS QUE NO SE VEN A SIMPLE VISTA

Derechos cedidos por Edicions Bromera, SLU (www.bromera.com).

Título original: *Things Not Seen by the Naked Eye*
© Diseñado por B4U Publishing, miembro de Albatros Media Group, 2021
www.albatrosmedia.eu
Todos los derechos reservados
Texto: Pavla Hanáčková
© Traducción: Anna Camilleri Franco, 2022
Ilustraciones: Adela Režná
© Algar Editorial
Apartado de correos 225 - 46600 Alzira
www.algareditorial.com
Impresión: Liberdúplex

1.ª edición: marzo, 2022
ISBN: 978-84-9142-565-6
DL: V-164-2022

algar